Trafic Web Extrême Avec Le Parasitage De Produit:
Volez Légalement Des Milliers De Visiteurs Par Semaine A Vos Concurrents Facilement, Instantanément, Et Gratuitement Et Transformez-Les En Clients.

TABLE DES MATIÈRES

INTRODUCTION.

Bienvenue dans cette formation et félicitations.

Vous faites maintenant partie d'une minorité de gens qui vont savoir comment générer des milliers de visiteurs chaque semaine sur votre site web ou blog en utilisant une technique de trafic web extrême qui s'appelle le parasitage de produit.

Cette technique va vous donner des résultats bluffants et spectaculaires non seulement en termes de visiteurs mais également en termes d'inscrits à votre mailing list et en clients.

En effet, vous allez aller ici beaucoup plus loin qu'une simple génération massive de trafic.

Vous allez également transformer tous ces visiteurs en clients et avec un taux de conversion maximal.

Ce qu'il faut savoir, c'est que la plupart des gens ont des problèmes à rapidement générer du trafic ciblé de manière massive sur leur site ou sur leur blog.

La plupart des gens qui veulent gagner de l'argent sur Internet et amener des visiteurs sur leur site ou blog utilisent les solutions traditionnelles qui ne fonctionnent pas et qu'on trouve un peu partout sur Internet.

La première des solutions consiste à chercher à créer beaucoup de contenu sur votre site par exemple sous forme d'articles ou de vidéos afin de créer de nombreux points d'entrée dans les moteurs de recherche.

Le problème est que ça va vous demander plusieurs mois d'investissement colossal en temps et en efforts avant d'obtenir un flux de visiteurs sur votre site qui soit suffisamment élevé pour vraiment gagner votre vie avec.

La deuxième solution consiste à chercher de nombreux petits trucs, astuces et petites triches croustillantes pour forcer Google à vous positionner en meilleure place dans ses résultats de recherche.

Le problème avec ce genre de petits bricolages est que les algorithmes de Google changent régulièrement.

Ainsi, si vous pouvez espérer gagner quelques places pendant une semaine ou un ou deux mois, vous ne pouvez pas utiliser ça comme stratégie fiable.

En effet, il va arriver un moment où votre site web va rétrograder dans les résultats sans vraiment savoir pourquoi. Ça sera alors la catastrophe en termes de trafic.

La troisième solution consiste à vouloir créer des partenariats avec les gros sites de votre thématique.

Le problème, surtout si vous débutez, est que vous ne connaissez pas forcément grand monde dans votre thématique.

De ce fait, vous n'allez pas avoir spécialement beaucoup de blogueurs déjà bien installés dans votre thématique qui vont prendre le temps de regarder en détail votre site, vos différents articles, pour ensuite dire à quel point ils les trouvent géniaux et à quel point ils ont appris des choses passionnantes grâce à vous.

Enfin, une quatrième solution consiste à acheter de la publicité par exemple sur Google ou sur Facebook.

Le premier problème avec la publicité est que vous n'avez pas forcément de gros budget quand vous débutez.

Vous ne pouvez pas vous permettre de dépenser plusieurs centaines voire parfois milliers d'euros pour tester et mener à maturité une campagne publicitaire qui va vous amener des résultats.

Parfois, même avec 500 ou 1000 euros vous avez encore de nombreux tests à faire avant que votre campagne de publicité devienne rentable : entre la sélection des bons mots clés, la rédaction d'une bonne annonce, le choix d'une bonne image, le ciblage de la bonne audience, etc.

Le deuxième problème avec la publicité est que les restrictions sur Google Adwords sont devenues de plus en plus grandes et la concurrence de plus en plus rude.

Ainsi, vous allez souvent devoir débourser une fortune dès qu'un mot-clé est un peu demandé, et vous risquez d'être banni de Google Adwords sans notification si vous ne répondez pas à leurs critères de restriction draconiens.

Il reste alors la publicité Facebook mai là aussi, il faut souvent beaucoup d'argent avant de trouver les bons leviers pour avoir une publicité qui fonctionne, tellement les possibilités de ciblage sont grandes.

De plus, personne ne sait dans combien de temps les restrictions sur Facebook deviendront aussi drastiques que sur Google Adwords.

Ainsi, il est extrêmement compliqué de trouver des solutions qui permettent d'obtenir rapidement du trafic ciblé et en grande quantité sans devoir débourser le moindre centime en publicité.

Cela est d'autant plus compliqué lorsqu'on débute sur Internet et qu'on a justement besoin d'être vu et connu.

Le pire est qu'on ne peut pas en vouloir aux personnes qui vous proposent des techniques de génération de trafic un peu partout sur Internet et que ces techniques ne fonctionnent pas.

Ces personnes sont en général des blogueurs ou des administrateurs de sites qui ont besoin de créer énormément de contenu pour être les plus visibles possible.

C'est pourquoi ils en arrivent parfois à délivrer du contenu de basse qualité juste pour parvenir à leurs fins.

Ainsi, peut-être que vous vous démotivez à la longue car vous en avez marre de passer du temps à créer du contenu de grande qualité que seulement une poignée de personnes distraites vient consulter.

Par ailleurs, vous ne comprenez pas comment certains sites qui ont du contenu qui n'apporte presque aucune valeur ajoutée et qui n'ont pas énormément de contenu non plus parviennent à générer des milliers de visites chaque jour sur leur site.

Ce qu'il faut savoir, c'est qu'il n'y a pas forcément de relation de cause à effet entre la quantité de trafic obtenue et la qualité du contenu.

C'est d'ailleurs ce qui arrive dans de nombreux autres domaines.

Par exemple, ce n'est pas forcément le meilleur titre de musique ni le meilleur livre qui va se vendre le mieux, et c'est souvent le titre le moins bon ou le livre le moins bon qui va rafler toutes les ventes.

Ainsi, c'est bien souvent en utilisant des techniques de génération de trafic qui sont dissociées du contenu que ces sites parviennent à générer une quantité de visiteurs impressionnante.

Et c'est exactement le type technique extrême et peu connue que vous allez voir ici avec le parasitage de produit, pour avoir des résultats extrêmes.

Elle va consister à "voler" astucieusement de manière tout-à-fait légale du trafic à vos concurrents qui ont déjà énormément de visiteurs.

En effet, à résultats extrêmes, il faut des techniques extrêmes.

Vous le savez, les techniques "politiquement correctes" qu'on trouve partout sur Internet ne fonctionnent pas, sinon ça se saurait et personne n'aurait de problème de trafic.

Voici donc ce que vous allez découvrir dans cette méthode qui va vous montrer en pas-à-pas comment mettre en place un parasitage de produit, en cinq modules :

Module #1:
A la fin de ce module, vous aurez parfaitement compris le principe du parasitage de produit.

Vous aurez également vu l'effet redoutable qu'il va produire sur votre trafic et également sur votre revenu car vous pourrez avec lui facilement transformer vos visiteurs en clients.

Module #2:
A la fin du deuxième module, vous verrez comment aborder le parasitage de produit selon votre positionnement.

En effet, certaines personnes se positionnement plutôt comme "rebelles" dans leur thématique alors que d'autres souhaitent rester amis avec tout le monde.

Vous verrez comment faire dans chacun de ces deux cas.

Module #3:
A la fin du troisième module, vous connaîtrez le plan détaillé en 3 étapes qu'il vous suffira simplement de recopier pour installer un parasitage de produit.

Tout y est expliqué, vous n'avez qu'à vous laisser guider et suivre les étapes.

Module #4:

A la fin du quatrième module, vous allez voir comment transformer vos milliers de visiteurs chaque semaine en inscrits à votre mailing list et en clients.

Vous allez pour ça voir ici comment mettre en place un tunnel de vente puissant qui va vous apporter des taux de conversion record.

Module #5:

A la fin du cinquième module, vous aurez mis en place un calendrier pour lancer des parasitages de produits sur une base régulière.

De cette manière, les flux de trafic se combineront et arriveront d'ici quelques mois par dizaines de milliers chaque semaine sur votre site ou votre blog.

A terme, vous aurez donc un trafic impressionnant et aurez bâti un modèle stable sur le long terme et très lucratif, car vos visiteurs se transformeront en clients.

Commençons tout de suite par le premier module, en page suivante.

MODULE #1: PRINCIPE ET EFFET DU PARASITAGE DE PRODUIT.

A la fin de ce module, vous saurez exactement en quoi consiste le parasitage de produit.

Vous allez d'abord voir le principe et le mécanisme avec lequel fonctionne le parasitage.

Ensuite, vous verrez l'effet que vous allez obtenir sur ce parasitage qui va non seulement vous apporter des milliers de visiteurs, mais également transformer ces visiteurs en inscrits à votre mailing list et en clients.

I.1- Principe du parasitage de produit.

Le principe du parasitage de produit consiste tout d'abord à identifier un produit que tout le monde achète ou que tout le monde désire dans votre thématique.

Ce produit doit être au maximum un produit dit "evergreen", c'est-à-dire un produit qui fonctionnera toujours aussi bien sur le long terme et dont les ventes ne vont pas chuter au bout d'une semaine ou deux ou trois mois.

Ainsi, vous voudrez éviter de choisir un produit lié soit à un effet de mode, un gros lancement ou un buzz temporaire et que plus personne n'achète au bout de quelques semaines ou mois.

Vous chercherez donc à identifier un produit phare de votre thématique, un produit clé qui est une référence dans votre domaine et qu'un maximum de personnes connaît.

Prenons un exemple pour illustrer ça.

Admettons que vous soyez dans la thématique du marketing sur Internet.

Il existe dans cette thématique des outils comme par exemple des plugins Wordpress tels que "popup domination".

Popup domination est un plugin payant qui coûte environ 50 dollars, et qui permet aux blogueurs ou aux administrateurs de sites web ou boutiques en ligne de capturer des adresses email beaucoup plus facilement et en plus grande quantité.

Le concept consiste à afficher un formulaire d'inscription à votre mailing liste pendant que vous naviguez sur le site, et qui incite un maximum de gens à s'inscrire.

De cette manière, vous pouvez augmenter très facilement et rapidement le nombre de prospects que vous allez ensuite redémarcher par email.

Ainsi, énormément de blogueurs ou personnes qui essaient de gagner de l'argent avec leur site web connaissent parfaitement ce plugin de référence.

Certains l'ont acheté d'autres non, mais l'important est que la grande majorité connaît l'existence de ce plugin.

De la même manière, vous avez également des séminaires, des formations ou des services qu'un maximum de personnes connaissent car elles sont un peu une référence dans votre thématique, et qui ne sont pas des effets de mode.

Beaucoup de gens achètent ces séminaires et formations et beaucoup d'autres enragent de ne pas les avoir car elles ne peuvent pas se les payer.

Une fois que vous avez identifié ce produit ou formation, vous allez ensuite créer un concurrent à ce produit ou à cette formation.

L'idée est donc de trouver à l'origine un produit relativement simple, car le but n'est pas de vous faire embaucher une quinzaine de programmeurs pour créer un produit concurrent.

En revanche, un produit tel qu'un plugin Wordpress est parfait dans cet exemple.

En effet, vous pouvez très facilement en avoir un de développé avec seulement 100 ou 200 euros en trouvant par exemple quelqu'un sur des sites de personnes qui travaillent en freelance tels que elance.com.

Vous pouvez aussi très bien choisir un produit, une formation, un séminaire ou un service pour lequel vous savez que vous avez les compétences de créer un équivalent gratuit de même qualité ou de qualité supérieure.

De cette manière, vous créerez ce concurrent vous-même sans avoir besoin de d'investir en sous-traitance (vous verrez ça en détail au module 3).

Mais rassurez-vous, même si vous dépensez quelques dizaines d'euros à ce stade, ils seront largement amortis et vous pourrez facilement multiplier votre retour sur investissement par dix et bien plus, comme on le verra par la suite.

Ainsi, vous allez créer un produit concurrent à celui que vous avez identifié.

Ce que vous allez faire ensuite va consister à le donner gratuitement contre une inscription à votre mailing list.

Pour ça, il vous suffit de créer une page de vente en la structurant de la manière suivante.

Admettons vous avez créé un produit qui est l'équivalent d'un plugin tel que popup domination, ou d'une formation, un séminaire ou encore un service.

Votre page de vente va alors présenter en quelques paragraphes votre produit, en montrant bien qu'il est similaire à celui de votre concurrent, et en insistant sur le fait que votre produit est gratuit.

L'idéal pour faire ça est de faire un comparatif entre votre produit gratuit et le produit concurrent de référence payant en faisant par exemple un tableau à deux colonnes.

La première colonne peut lister les fonctionnalités et caractéristiques du produit concurrent, et la deuxième les fonctionnalités et caractéristiques du vôtre.

Essayez de mettre en évidence le fait que votre produit fait autant de choses que celui de votre concurrent et même davantage, par exemple en ayant une liste de fonctionnalités et caractéristiques bien plus longue.

Faire ce genre de comparatif direct sur votre page de vente est très puissant.

En effet, vous avez d'un côté un produit payant avec un certain nombre de fonctionnalités, et vous avez de l'autre un produit gratuit qui possède les mêmes fonctionnalités et même davantage.

Attention cependant, vous n'allez pas forcément citer le nom de l'autre marque dans votre page de vente.

Vous allez simplement montrer qu'il s'agit de quelque chose de similaire afin de ne pas risquer de faire de détournement de clientèle.

Aussi, selon le produit ou service concurrent que vous choisissez et selon le pays où vous êtes, validez par un juriste le fait de pouvoir citer ou non le nom de la marque concurrente, si vous n'êtes pas sûr d'avoir le droit ou si vous craignez des représailles.

Si après validation avec un juriste et selon le pays où vous êtes il est possible de citer le nom de la marque, vous pourrez si vous le souhaitez aller plus loin et faire une campagne "Alternative à X", X étant le nom du produit concurrent.

Ainsi, les gens qui vont chercher "alternative à popup domination" vont tomber sur votre produit gratuit.

Puis, tout en bas de votre page de vente, vous allez mettre un formulaire d'inscription où les gens vont devoir entrer leur adresse email pour pouvoir s'inscrire et recevoir ainsi votre produit gratuit.

Maintenant que vous avez découvert le principe du parasitage de produit, vous allez voir dans la page suivante l'effet que va avoir cette technique redoutable sur les gens.

I.2- Effet du parasitage de produit.

Faire un parasitage de produit selon la manière décrite juste avant va avoir un effet redoutable.

Imaginez des gens qui recherchent dans un Google un produit connu par tout le monde ou mieux, un produit qui est connu par tout le monde et qui est cher.

Ces personnes veulent pertinemment ce produit mais elles sont frustrées car elles n'ont pas les moyens de l'acheter, ou elles n'ont pas trouvé la page de vente assez convaincante.

Imaginez maintenant qu'elles puissent avoir accès un à produit qui offre des fonctionnalités similaires voire meilleures, et qui en plus est totalement gratuit.

Ce qui va se passer est que vous allez ainsi créer un véritable effet de rush.

Les milliers de personnes qui visitaient le site de votre concurrent pour regarder ou acheter son produit vont désormais s'en détourner et aller sur votre site.

Ils vont ainsi soumettre leur adresse email pour recevoir votre produit gratuit.

Cette opération va ainsi vous permettre de récupérer en un rien de temps plusieurs milliers d'adresses email de prospects que vous allez transformer en clients (vous verrez comment dans le quatrième module).

Ainsi, même si vous avez dépensé quelques dizaines d'euros pour sous-traiter la création d'un produit équivalent dans le cas où vous n'avez pas décidé de le créer vous-mêmes, vous aurez très largement votre retour sur investissement.

Cette technique va donc faire énormément de bruit.

Vous allez non seulement obtenir des milliers de visiteurs venant de votre concurrent mais ces visiteurs vont se transformer en inscrits à votre mailing list et en clients.

Ceci termine ce premier module.

Vous connaissez maintenant le principe de la technique du parasitage de produit, et l'effet redoutable qu'elle peut vous apporter.

Ainsi, vous allez non seulement pouvoir générer des milliers de visiteurs sur votre site, mais vous allez également les convertir en inscrits sur votre mailing list et les transformer en clients.

Vous avez ainsi pu voir que bien que tout-à-fait légale, la technique du parasitage de produit est une technique extrême qui donne des résultats extrêmes.

Il ne s'agit pas d'une des multiples techniques "politiquement correctes" qu'on trouve un peu partout et qui ne fonctionnent pas.

D'ailleurs si elles fonctionnaient, plus personne n'aurait de problème de trafic sur Internet.

C'est aussi la raison pour laquelle en utilisant le parasitage de produit, vous n'allez pas forcément transformer les gens que vous parasitez en vos meilleurs amis.

Vous allez ainsi voir dans le module suivant comment aborder un parasitage de produit pour le faire passer facilement auprès de vos concurrents selon votre positionnement dans votre thématique.

MODULE #2: COMMENT ABORDER LE PARASITAGE DE PRODUIT SELON VOTRE POSITIONNEMENT.

A la fin de ce module, vous allez voir comment aborder le parasitage de produit que vous allez mettre en place pour le faire passer facilement auprès des concurrents victimes.

La manière d'aborder un parasitage de produit va ainsi dépendre du positionnement que vous avez choisi dans votre thématique.

Vous allez voir les deux types de positionnements que vous pouvez adopter.

Le premier cas qui sera traité est le cas où vous avez choisi un positionnement de rebelle dans votre thématique.

Le deuxième cas est celui où vous avez choisi un positionnement où vous voulez être et rester ami avec tout le monde dans votre thématique.

II.1- Cas d'un positionnement de "rebelle" dans votre thématique.

Vous pouvez avoir choisi un positionnement de type rebelle dans votre thématique.

En d'autres termes, vous pouvez être parmi de ceux qui sont convaincus que la majorité a toujours tord.

Ceux qui sont convaincus que copier ce que fait l'immense majorité des gens qui obtiennent des résultats médiocres vous donnera également des résultats médiocres, peu importe le marché dans lequel vous êtes.

Ce qui est d'ailleurs le cas quel que soit le marché (perte de poids, marketing, arrêt du tabac, etc.) : la plupart des solutions traditionnelles ne fonctionnent pas car si c'était le cas, tout le monde réussirait.

Au contraire, vous pensez qu'il faut se tourner vers les méthodes qu'utilisent l'extrême minorité des gens qui réussissent extrêmement bien.

D'où votre positionnement de rebelle qui va à l'encontre de ce que pense et fait l'écrasante majorité des gens.

Ainsi, si vous avez choisi ce type de positionnement un peu rebelle et en décalage avec ce que pense l'immense majorité, vous pouvez facilement vous permettre de faire un parasitage de produit.

En effet, vous avez probablement déjà un certain nombre de personnes qui ne vous apprécient pas de part votre façon radicalement différente de voir et faire les choses.

Faire un parasitage de produit ne changera donc pas grand chose en termes d'image, car vos concurrents qui ne vous portent déjà pas forcément dans leur coeur.

II.2- Cas d'un positionnement où vous êtes ami avec tout le monde dans votre thématique.

Si maintenant vous avez un positionnement où vous êtes ami avec tout le monde, vous allez peut-être vous sentir gêné de faire du tord à tel ou tel blogueur en parasitant son produit.

La solution est alors de prendre un produit qui n'est pas lié à une personnalité ou à un blogueur donné, mais un produit anonyme qui est si possible proposé par une corporation, une grosse entreprise plus ou moins anonyme.

Ainsi, il n'y a personne qui va vous en vouloir et vous pourrez continuer à rester ami avec tout le monde.

Simplement si vous faites ça, il va falloir vous assurer d'être sécurisé juridiquement dans le cas où vous voulez citer leur marque, comme on l'a évoqué précédemment.

En effet, si vous dites que votre produit est mieux que le produit Y de la société Z, il va falloir faire attention au niveau juridique de ne pas faire n'importe quoi comme par exemple du détournement de clientèle, etc.

Ceci termine ce deuxième module.

Vous savez désormais comment utiliser facilement le parasitage de produit pour rester cohérent avec votre positionnement, et comment faire au cas où vous ne souhaitez pas froisser vos concurrents.

Vous allez voir dans le module suivant le plan d'action concret en 3 étapes à appliquer pour mettre en place un parasitage de produit.

MODULE #3: LE PLAN D'ACTION À RECOPIER EN 3 ÉTAPES POUR METTRE EN PLACE UN PARASITAGE DE PRODUIT.

A la fin de ce module, vous saurez exactement comment mettre en place un parasitage de produit.

Vous allez pour ça voir un plan d'action détaillé à recopier en 3 étapes.

Chaque étape va être expliquée dans une partie dédiée dans les pages suivantes.

III.1- Première étape du plan d'action.

La première étape pour réaliser un parasitage de produit est de créer un produit gratuit qui soit meilleur que le produit existant qui est payant.

Il peut s'agir de créer un outil gratuit qui soit meilleur qu'un outil existant, comme dans le cas d'un plugin, d'un script ou d'une application, etc.

Il peut aussi très bien s'agir de créer une formation qui soit équivalente à une formation ou un séminaire existant et qui est connu et perçu comme une référence dans votre thématique.

Cela peut également être un livre s'il y a un livre qui fait le buzz dans votre thématique.

Cela dit, l'idée est tout de même qu'il s'agisse de quelque chose qui soit suffisamment cher et que les gens soient frustrés de ne pas pouvoir l'acheter.

Ainsi le produit existant que vous allez sélectionner et à partir duquel vous allez créer un produit équivalent ou si possible meilleur doit avoir ces 3 caractéristiques :

- Il doit être le plus cher possible pour qu'il y ait des gens qui soient frustrés de ne pas pouvoir se le payer.

- Il doit être connu par un maximum de gens dans votre thématique.

- Si vous avez un positionnement qui consiste à être ami avec tout le monde dans votre thématique, vous n'allez donc pas faire le choix de parasiter le produit d'une de vos relations et vous allez choisir un produit anonyme venant d'une corporation ou d'une grosse entreprise (qui n'est pas associé à une personne en particulier).

Ainsi, si le produit existant est connu et voulu par un maximum de personnes de votre thématique et qu'en plus il coûte cher, les gens vont forcément parler de votre produit et vont s'inscrire pour avoir le vôtre qui est meilleur et gratuit.

Comme on en a parlé, vous pouvez tout-à-fait faire ça sur des produits d'information telles que des formations.

Si vous décidez de faire un parasitage de produit sur une formation, il est préférable d'éviter de faire ça sur des formations liées à des gros lancements.

La raison principale est que lorsqu'il s'agit de gros lancements, les gens en général en parlent une fois puis cela tombe aux oubliettes.

Ce n'est donc pas ce que vous cherchez car ça ne va pas durer dans le temps.

Toutefois, certains marketeurs américains décident de parasiter une formation liée à un gros lancement.

Lorsqu'ils le font, ils ne vont en général pas parasiter la formation existante par quelque chose de gratuit mais par une formation équivalente pas chère.

Par exemple, ils vont parasiter une formation à 2000 euros liée à un gros lancement par une formation équivalente à 50 ou 100 euros.

Cela dit, évitez de choisir des formations liées à de gros lancements.

Vous voulez que votre parasitage dure et soit efficace le plus longtemps possible pour vous apporter du trafic durant un maximum de temps.

Ainsi, la règle lorsque vous décidez de parasiter une formation en créant une formation équivalente consiste à ne surtout pas acheter ni regarder le contenu de la formation que vous cherchez à parasiter.

Vous ne pourrez de cette façon pas être accusé d'avoir cherché à recopier ce qu'il y a à l'intérieur.

Le but est donc de faire une formation gratuite qui a un contenu différent mais qui permet d'obtenir le même résultat qu'une formation à 400, 800 ou 2000 euros.

Faire une formation ne va pas forcément vous demander beaucoup de temps et ça peut être une excellente occasion de vous décomplexer en créant votre première formation de cette manière.

En effet, beaucoup de gens aimeraient énormément créer une formation mais remettent toujours ça à plus tard.

Ils n'osent en fait pas vendre quelque chose. Ou alors, ils ont peur que ce ne soit pas suffisamment parfait s'ils le vendent et si les gens payent pour ça.

Ainsi, cela peut être un excellent moyen de mettre le pied à l'étrier et de se déstresser en créant une première formation gratuite de cette façon. Une formation qui soit équivalent à une formation phare, clé et de référence que tout le monde connaît dans votre thématique.

Si vous êtes dans une thématique pratique dans laquelle on trouve des choses qui expliquent "comment obtenir tel ou tel résultat", vous trouverez certainement des formations ou des contenus que vous pouvez facilement parasiter en créant une formation équivalente.

Si ce n'est pas le cas, alors vous allez créer un outil.

Même si vous ne citez pas la marque du concurrent, l'idée est que l'on comprenne que votre outil est un équivalent, et que cet équivalent est gratuit.

Créez donc maintenant votre produit.

Une fois que vous avez construit votre produit, vous pouvez passer à la deuxième étape.

III.2- Deuxième étape du plan d'action.

Une fois que vous avez créé votre produit, la deuxième étape consiste à demander une inscription par email pour recevoir ce produit gratuitement, plutôt que d'effectuer un paiement pour acheter le produit.

Comme on l'a vu précédemment, cette inscription par email peut se faire sur votre page de vente, en mettant par exemple un formulaire d'inscription à votre mailing list en bas de votre page de vente.

Créez donc votre page de vente.

Vous pouvez soit rédiger quelques paragraphes qui comparent votre produit au produit concurrent, soit carrément créer un tableau comparatif entre les deux produits avec deux colonnes (vous pouvez aussi rédiger quelques paragraphes et créer un tableau comparatif).

Puis, ajoutez-y par exemple tout en bas votre formulaire d'inscription.

Une fois que vous avez mis ça en place, vous pouvez passer à la troisième étape.

III.3- Troisième étape du plan d'action.

Maintenant que votre page de vente avec votre formulaire d'inscription est prête, la troisième étape consiste à faire une campagne de presse ou de blog.

Il est très facile de faire une telle campagne et en général la campagne de blog seule suffit.

Voici comment procéder pour faire votre campagne.

Il vous suffit de contacter par email tous les blogueurs qui parlent d'outils, de formations ou de services tels que le produit concurrent existant que vous cherchez à parasiter.

Pour ça, vous avez juste besoin de dresser une liste des plus gros blogs de votre thématique qui parlent souvent d'outils ou de formations.

Ensuite pour chaque blog, cherchez sur Google si le nom du produit que vous voulez parasiter apparaît dans le blog en question.

Vous pouvez très facilement le faire en tapant sur Google la requête suivante :

site: www.nomdublog.com nom de l'outil

Si par exemple un des blogs de référence s'appelle www.marketing.com et que le produit que vous parasitez s'appelle popup domination, vous allez simplement taper dans Google :

site: www.marketing.com popup domination

L'opérateur de recherche "site:" va ainsi permettre de restreindre les résultats à un site ou à un domaine.

Vous pouvez ainsi voir si le site web en question a parlé ou pas dans ses articles du produit que vous cherchez à parasiter.

Répétez cette même opération avec tous les blogs de votre liste.

Au final, vous aurez une liste des gros blogs de référence de votre thématique qui ont parlé du produit que vous voulez parasiter.

Ainsi, s'ils ont parlé de ce produit, il y a de fortes chances qu'ils parlent aussi du vôtre, surtout si vous avez bien fait les choses comme décrites précédemment.

Il vous suffit maintenant de leur envoyer un email pour leur faire connaître.

Ceci termine ce troisième module.

Vous connaissez désormais le plan d'action détaillé en 3 étapes pour créer un parasitage de produit.

Vous avez vu dans une première étape les critères de sélection d'un produit à parasiter et la manière dont vous pouvez facilement créer un produit équivalent ou meilleur, que vous allez donner gratuitement.

Vous avez ensuite vu comment créer votre page de vente et demander une inscription par email pour recevoir le produit gratuitement plutôt que de demander un paiement.

Enfin, vous avez vu comment facilement et gratuitement mettre en place une campagne pour faire connaître rapidement l'existence de votre produit.

Ainsi, en proposant gratuitement un produit équivalent ou meilleur qu'un produit payant que tout le monde connaît et désire acheter sans forcément en avoir les moyens, vous allez créer un véritable buzz et effet de rush.

Cette technique est bien plus efficace que toutes les autres qu'on peut voir sur d'autres sites.

Par exemple, de nombreuses personnes notamment aux Etats-Unis créent des plugins Wordpress qu'ils décident ensuite de donner gratuitement en échange d'une inscription à leur mailing list.

Le problème est que ces personnes créent des plugins qui ne sont pas du tout intéressants ou qui n'intéressent que quelques dizaines de personnes au maximum.

Il y a en effet très peu de gens qui vont avoir la bonne idée de faire exactement la même chose en mieux qu'un produit déjà payant, ce qui fait toute la puissance de la technique du parasitage de produit.

Ainsi, en plus d'obtenir des milliers de visiteurs sur votre site, vous allez également faire exploser le nombre d'inscrits à votre mailing list.

La beauté de cette technique réside dans le fait que non seulement vous aurez des visiteurs et des inscrits, mais en plus vous allez pouvoir les transformer en clients pour avoir un retour sur investissement incroyable.

Vous allez voir dans le module suivant comment transformer ces personnes en clients en créant un tunnel de vente puissant.

MODULE #4: CRÉEZ UN TUNNEL DE VENTE PUISSANT POUR TRANSFORMER VOS VISITEURS EN CLIENTS.

Dans ce module, vous allez voir comment créer un tunnel de vente puissant pour transformer vos visiteurs en clients.

En effet, nous allons aller encore plus loin dans cette méthode dont le but premier est de générer des milliers de visiteurs chaque semaine sur votre site web, en les convertissant en clients.

D'ailleurs, peut-être que vous vous dites que tout travail mérite salaire et qu'il faut que vous soyez payé pour le produit que vous proposez gratuitement et que vous avez créé ou fait créer.

C'est exactement la raison pour laquelle beaucoup de gens ne penseront jamais à appliquer cette stratégie car ils ne verront pas comment elle peut leur rapporter beaucoup d'argent au delà de leur rapporter des milliers de visiteurs, ce qui vous donne un avantage considérable.

Vous allez ainsi avoir la voie libre pour vous permettre d'avoir un retour sur investissement incroyable, contrairement à tous ceux qui ne tenteront jamais cette stratégie.

En effet, c'est tout le contraire qui va se produire.

Les gens vont davantage s'inscrire sur votre mailing list puisque votre produit gratuit a beaucoup plus de valeur que ce qu'ils vous payent en échange, c'est-à-dire simplement en vous donnant leur adresse email.

Ainsi, vous allez voir ici comment créer un tunnel de vente puissant pour transformer ces inscrits en clients avec un taux de conversion record.

IV.1- Comment créer votre tunnel de vente.

Une fois que les visiteurs sont allés sur votre page de vente, ils se sont alors inscrits sur cette même page à votre mailing list pour recevoir leur produit gratuitement.

Le principe ici est de les rediriger directement après sur une page de remerciement.

Sur cette page, vous allez leur proposer d'acheter un produit complémentaire au produit gratuit qu'ils vont recevoir.

Ce produit complémentaire peut-être par exemple une formation expliquant comment utiliser l'outil qu'ils viennent de télécharger.

Par exemple, si vous proposez gratuitement un outil équivalent au plugin popup domination pour capturer des adresses email, vous pouvez proposer sur votre page de remerciement d'acheter une formation qui explique comment prendre en main cet outil, ou une formation qui explique comment bâtir et cultiver une mailing list, etc.

Voyons voir en page suivante comment présenter ce produit complémentaire sur votre page de vente pour avoir un taux de conversion maximal.

IV.2- Le processus en 3 étapes pour présenter votre produit complémentaire et avoir un taux de conversion maximal.

Sur votre page de remerciement, vous pouvez utiliser ce processus en 3 étapes pour présenter votre produit complémentaire.

Vous vous assurerez ainsi d'avoir un maximum de personnes qui décident de passer à l'achat.

La première étape consiste à remercier vos visiteurs d'avoir fait la demande pour recevoir votre produit gratuit.

Vous pouvez par exemple dire quelque chose du genre :

"Merci d'avoir téléchargé le produit Y."

La deuxième étape consiste à leur expliquer pourquoi ils font désormais partie d'une minorité maintenant qu'ils ont téléchargé le produit.

Par exemple vous pouvez dire :

"La plupart des gens n'utilisent pas ou n'ont pas accès à des outils comme celui que vous allez avoir entre les mains, et vous faites donc partie d'une minorité qui va pouvoir obtenir tel et tel résultat."

La troisième étape consiste à leur proposer une réduction pour remercier les gens de vous avoir fait confiance, en disant par exemple :

"Pour vous remercier de m'avoir fait confiance, je vous offre X euros de réduction ou X% de réduction sur l'offre qui suit et qui va vous aider, car c'est exactement de ça dont vous avez besoin une fois que vous avez entre les mains l'outil que vous venez de télécharger."

Puis, dans l'email que les gens reçoivent immédiatement après avoir souscrit à votre mailing list, vous pouvez leur envoyer un lien vers cette même page de remerciement dans laquelle figure l'offre que vous leur proposez.

Notez qu'en ce qui concerne le téléchargement du produit gratuit, vous pouvez soit proposer son téléchargement sur la page de remerciement, soit envoyer un lien de téléchargement spécifique dans le premier email que les gens reçoivent juste après leur inscription.

Vous pouvez aussi tester les deux variantes pour voir celle qui vous donne les meilleurs résultats.

Si vous construisez votre tunnel de vente de cette façon, vous allez avoir un taux de conversion record qui va très probablement vous bluffer en termes de ventes.

Ceci termine ce quatrième module.

Vous avez vu comment mettre en place un tunnel de vente puissant pour convertir vos visiteurs en clients avec un taux de conversion record.

En effet, vous proposez à la vente un produit complémentaire qui va directement combler le besoin qui vient de se créer chez vos prospects suite à l'acquisition de votre produit gratuit.

De plus, vous combinez cet intérêt avec une réduction de prix irrésistible.

De cette manière, vous allez avoir un retour sur investissement record, souvent bien supérieur à dix fois votre investissement initial.

Par exemple en se plaçant dans le pire des cas, admettons que n'obteniez que 1000 visiteurs par semaine soit environ 4000 visiteurs par mois suite à votre parasitage de produit.

Encore une fois, Il est difficile de penser que vous n'aurez que ça avec la puissance du système que vous avez mis en place en proposant gratuitement un produit équivalent à un produit voulu de tous et payant, mais admettons.

Supposons maintenant que votre tunnel de vente convertirait très mal, et que seuls 1% des visiteurs décidaient d'acheter votre produit complémentaire.

Encore une fois, un pourcentage si faible n'est pas envisageable si vous avez appliqué correctement les étapes précédentes.

Si c'est le cas, c'est d'ailleurs qu'il y a probablement un problème que vous devez corriger au plus vite dans une des étapes.

De plus, rappelez-vous que ces visiteurs ne sont pas du trafic froid. Ils sont ciblés et veulent déjà ardemment ce que vous allez leur proposer.

Ainsi, si seulement 1% des visiteurs achètent votre produit complémentaire, cela vous fait 40 ventes.

Pour information, une formation audio ou vidéo se vend en général au minimum entre 97 euros et 197 euros.

Ainsi, si votre produit complémentaire est une formation que vous proposez avec une réduction immense par exemple à 47 euros, cela vous fait 1880 euros par cette simple opération. Pas si mal non ?

De plus, c'est en se plaçant dans un scénario très défavorable qui ne peut pas arriver si vous avez réalisé correctement les étapes décrites.

Imaginez maintenant la puissance de cette technique si vous créez régulièrement un parasitage de produit.

C'est ce que vous allez voir dans le prochain module.

Il va vous montrer comment mettre en place un calendrier pour créer des parasitages de produits sur une base régulière.

MODULE #5: CRÉEZ UN CALENDRIER DE LANCEMENT DE PARASITAGES DE PRODUITS.

Afin de profiter pleinement de cette technique extrême et redoutable de génération de trafic et de transformation en clients, l'idée est d'installer un calendrier pour lancer des parasitages de produits régulièrement.

C'est ce que vous allez voir dans ce module.

Ainsi, si vous avez besoin de trafic et selon la quantité de trafic que vous voulez avoir, vous pouvez monter une opération de parasitage de produit au minimum une fois par trimestre, et idéalement une fois par mois pour avoir un maximum de trafic et de résultats.

Par exemple, vous pouvez décider que la première semaine de chaque mois vous allez mettre en place un programme de parasitage de produit et que vous ne terminerez pas la semaine sans l'avoir mis en place.

Encore une fois, il peut s'agir d'une formation, d'un service ou d'un outil.

S'il s'agit d'un outil, il vous suffit d'aller sur elance.com ou des sites équivalents et de prendre un programmeur ou un graphiste en freelance pour vous créer cet outil.

Si vous avez un peu plus de budget, vous pouvez également en étape ultime racheter un outil existant ou racheter un business existant ou un site web existant.

Vous pouvez trouver en trouver par exemple sur des forums ou des places de marché telles que flippa.com qui proposent des achats et ventes de sites web et d'applications.

Si vous décidez par exemple de racheter un site web, il vous suffira alors de supprimer le paiement pour le proposer gratuitement, et de récolter les adresses email.

Cela dit, il est possible que cette dernière option qui consiste à racheter un business existant vous coûte relativement cher, puisque l'idée est de trouver des choses pour parasiter des produits que tout le monde veut et qui coûtent cher.

Ainsi, préparez-vous un calendrier d'action où vous allez mettre en place une opération de parasitage de produit chaque mois au maximum et chaque trimestre au minimum.

Par ailleurs, de part le fait que vous avez choisi à la base des produits à parasiter qui ne dépendent pas d'un effet de mode ou d'un gros lancement, chaque parasitage de produit que vous mettez en place va vous rapporter des milliers de visiteurs chaque semaine, et cela durera sur le long terme.

En faisant régulièrement des opérations de parasitage de produit selon le calendrier défini plus haut, vous allez alors combiner ces différents flux de trafic pour obtenir à terme une masse impressionnante de visiteurs qui se transformeront facilement en clients grâce à vos tunnels de vente performants.

Ceci termine cette formation, et il reste à la conclure en page suivante.

CONCLUSION.

Cette formation est désormais terminée.

Vous avez maintenant tout ce dont vous avez besoin pour mettre en place la technique de trafic web extrême qu'est le parasitage de produit.

Vous avez dans un premier module vu le principe et l'effet du parasitage de produit.

Un second module vous a montré comment aborder le parasitage de produit en fonction de votre positionnement soit "rebelle", soit "ami avec tout le monde".

Le troisième module vous a donné le plan détaillé en 3 étapes que vous avez juste à recopier pour mettre en place un parasitage de produit de manière optimale.

Le quatrième module vous a montré comment installer un tunnel et vente puissant pour convertir vos visiteurs en clients.

Enfin, le cinquième module vous a montré comment mettre en place un calendrier de lancements réguliers de parasitages de produits pour combiner de multiples flux de trafic, chaque flux vous apportant en général des milliers de visiteurs chaque semaine et sur le long terme.

Ainsi, si vous passez à l'action et appliquez cette technique extrême, vous allez avoir des résultats extrêmes qui vont très certainement vous bluffer.

Par ailleurs, le peu de temps et d'investissement nécessaire pour mettre en place un parasitage de produit est négligeable par rapport aux résultats que vous allez obtenir en termes de trafic et de ventes, qui ne vont plus rien avoir à voir avec ce que vous obtenez actuellement.

Vous allez ainsi pouvoir obtenir efficacement et en un rien de temps des milliers de visiteurs ciblés chaque semaine sur votre site.

Vous n'aurez pas à payer pour faire de la publicité ni à utiliser les techniques traditionnelles que la majorité des gens utilisent et qui ne fonctionnent pas.

Vous êtes également allé beaucoup plus loin que la simple génération de trafic.

En effet, cette technique vous permet de bâtir une mailing list impressionnante de prospects, et est probablement bien plus efficace que certaines formations sur l'email marketing.

De plus, elle vous permet de transformer vos visiteurs en clients avec un taux de conversion maximal.

Si vous continuez régulièrement à créer des parasitages de produits en mettant en place un calendrier de lancements comme expliqué dans le cinquième module, vous aurez d'ici quelques mois bâti un véritable système stable sur le long terme.

Il vous apportera chaque semaine des dizaines de milliers de visiteurs, qui se transformeront facilement en clients afin de décupler vos ventes et vos revenus.

Par ailleurs, sachez que vous pouvez combiner cette technique de trafic web extrême aux autres techniques de trafic web extrême de cette série, pour démultipler encore plus vos résultats.

Je vous souhaite donc tous mes voeux de succès avec le parasitage de produit et vous dis à bientôt, j'espère, pour une prochaine formation.

A PROPOS DE L'AUTEUR.

Rémy Roulier est un ancien ingénieur informatique et responsable marketing dans une multinationale.

Il est aujourd'hui auteur best-seller, digital nomad et voyage partout dans le monde, ayant acquis depuis plus de dix ans une véritable expertise dans le marketing internet et le développement personnel.

Il partage aujourd'hui ses outils et son expérience pour permettre aux autres d'atteindre également leur indépendance financière et de façonner leur vie telle qu'ils la désirent vraiment.

CRÉATIONS DU MÊME AUTEUR.

Voici aussi quelques autres de mes créations qui peuvent vous servir :

*VAINCRE LA PROCRASTINATION QUAND ON EST PARESSEUX:
LA NOUVELLE METHODE D'ORGANISATION, PRODUCTIVITE, GESTION DU
TEMPS POUR PASSER A L'ACTION INSTANTANEMENT SANS EFFORTS ET
REALISER SES REVES.*

Cette méthode jamais révélée auparavant vous guide pas-à-pas pour reprendre totalement votre vie en main et avoir un contrôle complet sur vos priorités de vie sans plus jamais rien remettre au lendemain. Vous allez ainsi immédiatement passer à l'action même si vous êtes paresseux, pour mener à termes vos rêves et objectifs sans effort comme un expert de la productivité, aussi bien dans votre vie personnelle que professionnelle.

*VOTRE PREMIER SMIC SUR INTERNET EN 72 HEURES:
LE SYSTEME INEDIT LE PLUS RAPIDE POUR GAGNER DE L'ARGENT SUR
INTERNET QUAND ON N'A PAS LE TEMPS ET GENERER 1200 EUROS EN 3
JOURS SANS CREER DE PRODUIT.*

Une méthode inédite pour générer vos premiers 1200 euros en ligne en seulement 3 jours et sans créer de produit. A posséder absolument pour tous ceux qui n'ont plus le temps ou qui ont déjà tout essayé pour gagner de l'argent sur Internet. Cette méthode va tout changer.

EMAILING QUI VEND:
42 MINUTES POUR DEVENIR RICHE AVEC VOTRE MAILING LIST EN
DECUPLANT VOS TAUX D'OUVERTURE ET VENTES COMME UN PRO DE
L'EMAIL MARKETING.

Découvrez en seulement 42 minutes comment extraire un maximum d'argent de votre mailing list et obtenir des taux de conversion record comme le font les plus grands experts mondiaux de l'email marketing. Rejoignez tout de suite les 1% des gens qui génèrent de véritables fortunes grâce à leur mailing list.

DEVENIR RICHE AVEC UN BLOG DE CURATION:
CREER UN BLOG D'EXPERT QUI CARTONNE ET GAGNER DE L'ARGENT SANS
CREER D'ARTICLES AVEC LA CURATION.

Accédez à la méthode la plus complète pour réussir rapidement avec un blog de curation. Cette nouvelle méthode simple et ludique de bloguer va vous permettre de gagner beaucoup d'argent et de vous positionner rapidement comme un véritable expert, sans jamais avoir besoin d'écrire des articles, de tourner des vidéos ou d'être un spécialiste de votre niche.

CREER UN SITE WEB LUCRATIF EN 4 SEMAINES:
LA FAÇON LA PLUS RAPIDE DE CRÉER UN BLOG OU SITE INTERNET RENTABLE
EN PARTANT DE ZÉRO.
Découvrez la façon la plus rapide et simple de créer un site ou blog qui vous rapporte entre 5000 et 10000 euros par mois en partant de rien.
Une méthode pas-à-pas qui vous guide en 5 modules vers votre indépendance financière, en évitant toutes les erreurs des débutants.

DEVENIR RICHE EN FREELANCE SUR LE WEB:
POURQUOI 99% DES INDEPENDANTS ECHOUENT SUR INTERNET ET
COMMENT REJOINDRE LES 1% QUI GENERENT DES REVENUS A 6 CHIFFRES.
Un livre que doit posséder absolument tout entrepreneur. Il vous explique comment bâtir votre business en freelance sur le web (ou ailleurs) pour éviter de devenir un indépendant qui croule sous le travail en ne gagnant que des miettes. Découvrez exactement comment s'y prennent les freelances qui cartonnent sans (trop) travailler, et reproduisez le même modèle qui leur permet de générer des revenus à 6 chiffres.

CONTENU DE MASSE POUR VOTRE BLOG:
1 HEURE/JOUR POUR CREER 7 ARTICLES, 5 VIDEOS ET 1 PRODUIT CHAQUE
SEMAINE ET CREER UN BLOG D'AUTORITE ULTRA RENTABLE.
Découvrez une méthode radicale et inédite pour devenir un créateur de contenu à 100% et créer 7 articles, 5 vidéos et 1 produit chaque semaine en ne travaillant qu'une heure par jour du Lundi au Vendredi. Commencez immédiatement et voyez votre trafic et vos revenus exploser.

CREER UN BLOG VIDEO SANS SE RUINER:
LA METHODE COMPLETE POUR CREER UN VLOG PRO (EQUIPEMENT,
DISCOURS, TOURNAGE, MONTAGE, VIDEO, DIFFUSION) SANS SE RUINER.
Tout ce que vous devez savoir pour créer un blog vidéo de qualité professionnelle le plus facilement possible, même si vous avez peu ou pas de budget. Laissez-vous guider totalement de l'équipement à la diffusion, et voyez des milliers de fans s'agglutiner et vos ventes exploser par vos vidéos irrésistibles.

ECRIRE UNE PAGE DE VENTE HYPNOTIQUE:
54 MINUTES CHRONO POUR ECRIRE FACILEMENT UN ARGUMENTAIRE DE
VENTE FASCINANT ET VENDRE SUR INTERNET COMME UN PRO DU
COPYWRITING HYPNOTIQUE.

Une méthode clés-en-main pour écrire facilement une page de vente hypnotique, et en seulement 54 min. Bien plus puissante que le copywriting ordinaire, utilisez-là pour "forcer" vos clients à acheter vos produits en les plongeant dans un état de transe hypnotique.

CREER UNE LANDING PAGE QUI CONVERTI:
TRIPLEZ VOS VENTES, EXPLOSEZ VOTRE MAILING LIST EN MOINS DE 15
MINUTES AVEC UNE SQUEEZE PAGE OPTIMISEE.

Une méthode complète pour créer une landing page en partant de rien et obtenir d'entrée de jeu des taux de conversion records à rendre jaloux les meilleurs marketeurs. Evitez les mois de tâtonnements interminables et les centaines d'euros dépensés pour trouver la meilleure version, en prenant ce raccourci tout de suite.

VENDRE EN VIDEO COMME UN PRO:
LA NOUVELLE FAÇON LA PLUS SIMPLE ET RAPIDE DE CREER UNE VIDEO DE
VENTE ET PAGE DE VENTE VIDEO QUI CONVERTI.

Découvrez un système complet et unique en pas-à-pas pour réaliser des vidéos de vente en partant de rien. De l'équipement à la création de votre argumentaire de vente, en passant par les techniques pour amener de la présence et pour minimiser votre temps de montage vidéo, vous saurez comment obtenir des taux de conversion record dignes des meilleurs marketeurs, de la manière la plus simple, rapide, et sans vous ruiner.

TUNNELS DE VENTE SOCIAUX:
GAGNER DE L'ARGENT SUR INTERNET ET DEVENIR RICHE AUJOURD'HUI
APRES L'EXPLOSION DES RESEAUX SOCIAUX (FACEBOOK, TWITTER...) ET
YOUTUBE.

Une véritable plongée dans la psychologie de l'acheteur d'aujourd'hui et une méthode pratique qui vous permet de créer un tunnel de vente tel qui fonctionne après l'explosion des réseaux sociaux. Convertissez ainsi sans peine vos prospects en clients, en acheteurs multiples, en fans et en véritables ambassadeurs de vos produits auprès de leurs amis pour étendre votre notoriété comme une trainée de poudre.

GERER SES EMOTIONS FACILEMENT:
LA MAITRISE DE SOI FACILE POUR MOBILISER SES CAPACITES (MOTIVATION,
CONFIANCE EN SOI...) A VOLONTE, INSTANTANEMENT.

Ne plus être esclave de vos états intérieurs (colère, stress, jalousie etc.) n'aura jamais été aussi facile et rapide qu'avec cette méthode qui va vous permettre de retrouver une parfaite maitrise de soi et de mobiliser instantanément n'importe qu'elle capacité.

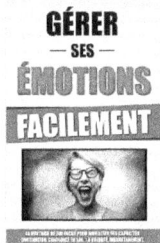

TROUVER UNE NICHE LUCRATIVE SANS SE TROMPER:
LA NOUVELLE DEMARCHE POUR CREER UN BLOG DANS UN MARCHE DE
NICHE ULTRA RENTABLE ET DEVENIR RICHE DU 1er COUP.

Tout ce qu'il vous faut pour bien choisir votre marché de niche pour être sûr de réussir, et ne pas commettre les erreurs des débutants qui se retrouvent ruinés au bout de 6 mois ou 1 an car ils ont choisi leur marché de niche en se basant sur les mauvais critères.

LA COMMUNICATION EFFICACE EN 60 MINUTES CHRONO:
DECOUVREZ LES TECHNIQUES SECRETES DE LA COMMUNICATION VERBALE ET
NON VERBALE POUR BRILLER DES CE SOIR.

Devenez un pro de la communication dans tous ses aspects, aussi bien verbale que non verbale, en seulement 60 minutes chrono. Une solution clés-en-main, facile, pour résoudre définitivement tous vos problèmes de communication sans y passer des mois ou des années!

LA MEMOIRE FACILE INSTANTANEE:
AMELIORER SA MEMOIRE, MEMORISER COMME UN CHAMPION DES CE
SOIR SANS RIEN OUBLIER ET SANS EFFORTS.

Des exercices et stratégies faciles qui vont vous permettre d'utiliser vos différentes mémoires à plein régime et mémoriser sans peine autant d'informations que vous voulez...instantanément et sans les oublier, comme le font les champions de la mémorisation.

TITRES QUI VENDENT:
DANS 47 MINUTES VOUS ECRIREZ DES TITRES FACEBOOK, ADWORDS,
BLOG, PAGE DE VENTE, EMAIL COMME UN PRO DU COPYWRITING!

Découvrez les secrets et les 101 meilleurs templates pour créer des titres chocs qui vont vous rapporter (très) gros, et acquérir les compétences des meilleurs copywriters en seulement 47 minutes!

VAINCRE SA TIMIDITE:
LA METHODE CHOC DES EXPERTS EN CONFIANCE EN SOIR POUR SORTIR
DE L'ENFER DE LA TIMIDITE FACILEMENT ET RAPIDEMENT.
Enfin une méthode pas-à-pas qui vous permet de vous libérer de votre timidité pour toujours, et d'obtenir ce magnétisme personnel que vous avez peut-être toujours cru réservé aux autres, tout ça rapidement et facilement.

SYSTEME AFFILIATION:
LA NOUVELLE FAÇON POUR ENFIN VIVRE DE SON BLOG PAR
L'AFFILIATION ET DEVENIR RICHE SANS CRÉER UN SEULPRODUIT.
Ce redoutable système d'affiliation est la preuve que l'affiliation fonctionne toujours à merveille pour les rares initiés qui savent l'utiliser de la bonne manière. Mettez enfin en place en seulement quelques jours une véritable machine à générer des revenus passifs sans jamais avoir à créer le moindre produit ni vous occuper du service après vente.

ECRIRE UN EBOOK IRRESISTIBLE EN UN WEEK-END:
LA NOUVELLE METHODE POUR ECRIRE UN LIVRE QUE LES LECTEURS
ADORENT, PRET A VENDRE LUNDI MATIN.

57

Laissez-vous guider par une procédure simple et d'une efficacité redoutable pour créer en seulement un week-end un ebook que les gens vont s'arracher, même si vous n'êtes pas expert dans un domaine.

DEVENIR RICHE EN 42 JOURS:
LA METHODE PAS-A-PAS POUR.GAGNER DE L'ARGENT SUR INTERNET ET VIVRE SES REVES EN PARTANT DE RIEN.
Une méthode prouvée qui vous guide pas-à-pas et vous permet d'atteindre votre indépendance financière en 42 jours grâce à Internet, même si vous démarrez actuellement de rien. Un must à ne pas manquer.

COMMENT SE CONCENTRER COMME EINSTEIN:
LE SECRET DES ETUDIANTS PARESSEUX POUR DECUPLER LA CONCENTRATION ET
LA MEMOIRE AVEC LA TECHNIQUE DU DOCTEUR VITTOZ.
Ce best seller dans le top 100 des meilleures ventes d'Amazon vous montrera la technique jadis utilisée par Einstein qui vous donnera le pouvoir de vous concentrer sur ce que vous voulez aussi longtemps que vous voulez.

COMMENT REUSSIR VOS EXAMENS:
LE POUVOIR INEGALE DE LA DYNAMIQUE MENTALE POUR FINIR PREMIER
DANS VOS ETUDES ET EXAMENS EN ETANT PARESSEUX.
Réussissez dès maintenant vos examens et vos études en découvrant la technique secrète utilisée par les plus grands sportifs internationaux. Spécialement adaptée ici à la réussite aux examens par des médecins et psychologues, elle vous propulsera parmi les meilleurs étudiants sans avoir à étudier davantage.

ACUPRESSION DE SECOURS:
SUPPRIMEZ IMMEDIATEMENT LE STRESS, LE MAL DE TETE, LE TROU DE
MEMOIRE PENDANT UN EXAMEN AVEC VOTRE DOIGT.
Soulagez vos douleurs et malaises immédiatement dès que vous en avez besoin et empêchez-les de vous faire rater un oral, un examen ou tout moment important de votre vie. 100% pratique, très clair et simple, ce livre est très certainement le meilleur investissement que vous puissiez faire pour votre santé et votre succès.

LA LECTURE RAPIDE EN 60 MINUTES CHRONO:
DOUBLER (OU TRIPLER) VOTRE VITESSE DE LECTURE N'A JAMAIS ÉTÉ
AUSSI FACILE!

Utilisez les meilleures techniques des lecteurs les plus rapides pour augmenter votre vitesse de lecture de 100% dès aujourd'hui.

LA RELAXATION ZEN PROFONDE:
LA VOIE ROYALE POUR LA LIBERATION EMOTIONNELLE ET LE LACHER
PRISE.

L'outil parfait pour aborder les situations du quotidien sereinement, et reprendre le contrôle de votre vie et de vos émotions dans le lâcher prise.

NUTRITION DETOX:
BIEN MANGER POUR UNE VIE DE PURE ENERGIE, FORME ET SANTE.

Plus jamais vous ne vous empoisonnerez à la malbouffe, et apprendrez les principes alimentaires qui vous redonnerons une énergie et une qualité de santé au-delà de vos espérances tout en vous faisant économiser des dizaines d'euros tous les mois.

LE MIND MAPPING FACILE:
MEILLEURE MEMOIRE, PRISE DE NOTE RAPIDE, BRAINSTORMING,
GESTION DE PROJET SANS EFFORT AVEC LES MIND MAPS.
Le Mind Map (ou carte heuristique) va révolutionner votre vie et votre mémoire en termes gain de temps, d'organisation et d'efficacité par un système puissant et redoutable de prise de notes et d'organisation de l'information autour de diagrammes basés sur la manière naturelle dont fonctionne votre cerveau. Un outil à posséder absolument.

L'ANGLAIS FACILE AVEC LE MIND MAPPING:
COMMENT APPRENDRE L'ANGLAIS ET N'IMPORTE QUELLE LANGUE
RAPIDEMENT SANS JAMAIS L'OUBLIER.
Si vous avez toujours eu du mal avec les langues ou que vous souhaitiez apprendre l'Anglais facilement et rapidement, cette méthode innovante basée sur le Mind Mapping va très certainement vous y aider.

L'ESPAGNOL FACILE AVEC LE MIND MAPPING:
COMMENT APPRENDRE L'ESPAGNOL ET N'IMPORTE QUELLE LANGUE
RAPIDEMENT SANS JAMAIS L'OUBLIER.

La même chose que pour l'Anglais, mais cette fois c'est plutôt si vous souhaitez vous rendre là où les gens parlent Espagnol et apprendre cette langue facilement et rapidement à l'aide du Mind Mapping.

COMMENT SAUVER SON COUPLE EN UNE HEURE:
LA NOUVELLE MANIERE POUR EVITER LA RUPTURE AMOUREUSE ET
CREER UNE PASSION AMOUREUSE INTENSE.

Avant de penser à rompre, découvrez d'abord ce programme qui a déjà sauvé la relation amoureuse de plusieurs milliers de couples et évité de grandes souffrances de rupture, en seulement une heure.

www.ingramcontent.com/pod-product-compliance
Lightning Source LLC
Chambersburg PA
CBHW061219180526
45170CB00003B/1069